BEI GRIN MACHT SICH IHR
WISSEN BEZAHLT

- Wir veröffentlichen Ihre Hausarbeit,
  Bachelor- und Masterarbeit

- Ihr eigenes eBook und Buch -
  weltweit in allen wichtigen Shops

- Verdienen Sie an jedem Verkauf

Jetzt bei www.GRIN.com hochladen
und kostenlos publizieren

Erstellung eines Strategieberichts für ein Premium-Fitnessstudio

Nina Arends

Bibliografische Information der Deutschen Nationalbibliothek:

Die Deutsche Nationalbibliothek verzeichnet diese Publikation in der Deutschen Nationalbibliografie; detaillierte bibliografische Daten sind im Internet über http://dnb.d-nb.de abrufbar.

ISBN: 9783346560988
Dieses Buch ist auch als E-Book erhältlich.

Druck und Bindung: Books on Demand GmbH, Norderstedt Germany
Gedruckt auf säurefreiem Papier aus verantwortungsvollen Quellen

Das vorliegende Werk wurde sorgfältig erarbeitet. Dennoch übernehmen Autoren und Verlag für die Richtigkeit von Angaben, Hinweisen, Links und Ratschlägen sowie eventuelle Druckfehler keine Haftung.

Das Buch bei GRIN: https://www.grin.com/document/1159897

Deutsche Hochschule für
Prävention und Gesundheitsmanagement

Hausarbeit (kollektive Prüfungsleistung)

Name, Vorname	Arends, Nina
Modul	Strategische Unternehmensführung I
Studiengang	Prävention- und Gesundheitsmanagement
Datum Präsenzphase	19.10. – 23.10.2020
Studienort	Saarbrücken
Gruppe bzw. zu bearbei-tende Stadt	Rostock
Unternehmenstyp	**Fitnessstudio, Premium-Segment**

Inhaltsverzeichnis

1 TEILAUFGABE 1 – Darstellung der Ausgangssituation

Das erste Kapitel befasst sich mit einer geeigneten Darstellung der Ausgangssituation. Im Hinblick auf die Erstellung eines Strategieberichts werden diese Informationen und Ergebnisse sowohl grafisch als auch schriftlich dargestellt.

1.1 Wahl des Standortes

Das Premium-Fitnessstudio soll in 18059 Rostock erbaut werden. Der Standort befindet sich in der Südstadt des Bundeslandes Mecklenburg Vorpommern. Angrenzend befindet sich westlich das Hansaviertel und östlich die Stadtmitte von Rostock. Das Südstadtbezirk hat laut städtischem Portal rund 14.998 Einwohner und eine Fläche von 5,6 km². Durch zahlreiche Fahrradwege, den zentralen Omnibusbahnhof (0,5 km Entfernung) und den Hauptbahnhof (0,8 km Entfernung) in unmittelbarer Nähe ist der Bezirk sehr gut erreichbar. Die Stadtmitte befindet sich 2 km entfernt. Etwa 7 km entfernt befindet sich außerdem eine Autobahnanbindung. Somit sind diverse Einkaufsmöglichkeiten, Gastronomien, Freizeitanlagen, ein großes bekanntes Klinikum, mehrere Ärztehäuser, große Arbeitgeberkonzerne (z.B. AIDA Cruises) im engeren Umkreis. Nicht zu vergessen sind die umliegenden grünen Parks und die Sicht auf einen Hafen. Die Stadt Rostock ist eine der wenigen Hafenstädte Deutschlands. Die Warnow teilt Rostock in zwei Teile und mündet in die anliegende Ostsee. Der Blick aufs Wasser verschönert das Stadtbild und lädt die Menschen zum Verweilen ein.

Die Standortentscheidung für das Premium-Fitnessstudio fiel sehr leicht.

Das ausschlaggebende Argument ist das Alleinstellungsmerkmal des Fitnessstudios im Premiumsegment im näheren Umfeld. Es gibt kein vergleichbares Unternehmen in unmittelbarer Nähe. Potenzielle Mitglieder sind durch umliegende große Arbeitgeber, die gute Erreichbarkeit und die Beliebtheit des Stadtviertels zu gewinnen. Zudem ließe sich durch das Anbieten von „Firmenfitness" eine größere Spannbreite erreichen. Große Werften und Seereedereien befinden sich im Umfeld. Die Infrastruktur ist sehr gut. Eine problemlose Anfahrt mit dem Fahrrad, dem Bus, dem Auto und der Bahn ist gesichert.

1.2 Beschreibung des Unternehmenstyps

Als Unternehmenstyp wurde ein Fitnessstudio im Premiumsegment gewählt. Die gesamte Quadratmeterzahl liegt etwa bei 3000qm, die sich über zwei Etagen erstrecken. Die Hauptzielgruppe stellen Menschen dar, die zum einen ein erhöhtes Einkommen aufweisen und zum anderen einen gewissen Bezug zu Luxuriösität haben. Zielgruppe sind hier Personen, die bereits das mittlere Erwachsenenalter erreicht haben (35 Jahre und älter). Vor allem Führungspositionen, die neben ihrer Arbeit ihre Lebensqualität steigern wollen, werden sich hier wohlfühlen. Hauptziel ist es, den Menschen in Rostock und Umgebung das höchste qualitative Maß an Fitnessangeboten zu bieten. Der Kunde hat die besten Möglichkeiten für sein Training, seine Gesundheit und seinen Körper. Hier wird ein hohes Maß an Qualität, Luxus und Professionalität gewährleistet. In diesem Studio liegt das Hauptaugenmerk auf Premiumfitness und Wellnessmöglichkeit in allen Facetten. Ein beständiges Team aus gut augebildetem Fachpersonal sorgt für eine angepasste, individuelle, zielorientierte und diskrete Betreuung. Dies bedeutet auch, dass physiotherapeutische oder rehabilitative Maßnahmen (auch vom Arzt verordnet) fachgerecht durchgeführt werden können. Das Studio verfügt über ein großes Spektrum an Cardiogeräten, die sich alle an den natürlichen Bewegungsablauf des Menschen halten. Der Gerätepark der Marke NOHrD ist in diesem Konzeptplan angedacht, zudem ein umfangreicher Kraftgerätepark mit ausreichend Platz für einen Freihantelbereich, einen Functionalabschnitt und einem großen Kursraum für die täglich große Kursauswahl von A-Z. Um auch dem seelischen und psychischem Wohlbefinden zu positiven Emotionen zu verhelfen, bietet dieses Premiumstudio eine große Auswahl an vier verschiedenen Saunen (innenliegende finnische Sauna, außenliegende finnische Sauna auf der Dachterasse, Dampfbad, Biosauna). Weitere Dienstleistungen wie EMS-Training, Ernährungsberatung, manuelle und maschinelle Lymphdrainage sowie Massagen und Solariumgänge werden optional nach Mitgliedschafts-Preisklassen angeboten. Der Mitgliedbeitrag liegt monatlich zwischen 80-100€. Eine Zusatzoption ist die Buchung eines Personaltrainings, für die ein Extrabeitrag erhoben wird. Die Abbildung 2 verdeutlicht die Geschäftsfelder, sowie die Produkte und Dienstleistungen genauer.

Durch die gute Anbindung ist das Premium-Fitnessstudio gut zu erreichen, auch für umweltbewusste Bahnfahrer, die vom Hauptbahnhof etwa 800 meter Fußweg haben. Außerdem bietet es sich an, da Kliniken und große Unternehmen in der Nähe aufzufinden sind, um potenzielle Mitglieder durch Firmenkooperationen zu erreichen.

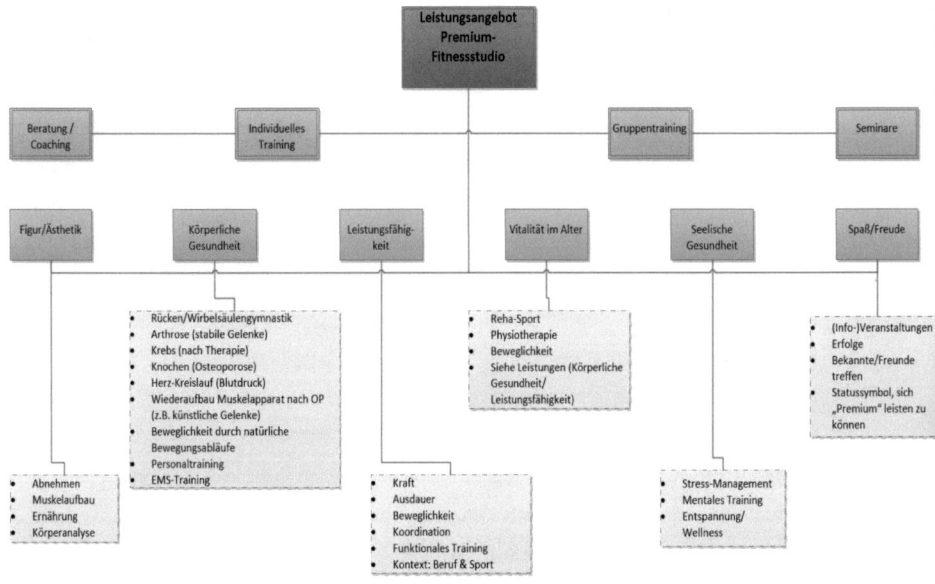

Abb.1: Produktpolitik im Betrieb (eigene Darstellung)

2 TEILAUFGABE 2 – Phase der strategischen Zielplanung

Dieses Kapitel beschäftigt sich mit der Phase der strategischen Zielplanung. Unternehmerische Visionen, Missionen, Grundwerte und Zielplanungen werden näher erläutert und in einem Branchenvergleich gegenüber gestellt.

2.1 Unternehmerische Vision / Mission / Grundwerte

Laut Bea & Haas (2013, S.55) benötigen Unternehmen Visionen, um einen langfristigen Erfolg zu sichern. In diesem Fall stehen die Mitglieder und dessen Gesundheit im Vordergrund. Daher lautet die Vision des Studios:

„Die bestmöglichste Gesundheit für meinen Körper".

Diese Vision ist somit klar zielfokussiert. Aus der Vision lässt sich die Mission ableiten. Der Grund, weswegen dieses Premiumstudio existiert, ist die Erhaltung und/oder Wiedererlangung der individuellen Gesundheit der einzelnen Mitglieder. Dies kann sowohl die körperliche Gesundheit als auch die psychische Gesundheit umfassend beinhalten. Dabei spielt vor allem die Ausstattung mit Gerätschaften, die eine natürliche Bewegung des Menschen erfordern, eine große Rolle. Zudem wird der Aufenthalt in diesem Fitness-studio untermalt mit einem luxuriösen und freundlichen Ambiente, das sowohl zur kör-perlichen Ertüchtigung als auch zum Entspannen einlädt.

Die Grundwerte spiegeln kurz, präzise und verständlich wider, wofür ein Unternehmen steht und zeigen, auf welche Art und Weise mit Mitarbeitern, Kunden, Lieferanten und Mitbewerbern öffentlich umgegangen wird (nach Müller-Stewens & Lechner, 2011, S.233). Die Tabelle 1 zeigt übersichtlich die Grundwerte des Unternehmens.

Grundwerte/Leitlinien des Premium-Fitnessstudios	
Fokus auf Kundennutzen	Der Kunde steht im Zentrum, denn dieser ist die Ein-nahmequelle und das Überlebensmerkmal eines Fit-nessstudios. Der Erhalt und die Neugewinnung ist ab-hängig vom größtmöglichen Angebots- und Nutzungs-spektrums.
Ausrichtung an Kernkompetenzen	Unsere Kernkompetenzen sind ausgerichtet an die Un-ternehmensvision. Gut ausgebildetes, motiviertes Fach-personal füllen lückenlos das Leistungsangebot.
Attraktives Arbeitsumfeld	Die Mitarbeiter sind ein wesentlicher Erfolgsfaktor und werden über die Führungsebene auch dementspre-chend behandelt. Gute Arbeitsbedingungen, angemes-sene berufliche und perönliche Weiterentwicklungsmög-lichkeiten und ein überdurchschnittliches Arbeitsentgelt stehen im Vordergrund.
Gesellschaftliche Verantwortung:	Die Führungsebene hat eine gewisse Verantwortung seinen Mitarbeitern gegenüber. Hier soll aber auch deutlich gemacht werden, dass auch die Mitarbeiter eine große Verantwortung gegenüber jedem Mitglied haben. Denn sie sind weitesgehend für die „Zufrieden-heit" und „Zielerreichung" der Kunden zuständig.

Tab.1: Grundwerte des Unternehmens (eigene Darstellung)

2.2 Strategische Zielplanung

Ganzheitlich betrachtet ist die Visionsformulierung das größte Unternehmensziel. Die Grundwerte leiten sich von der Vision und der Mission ab. Im Vordergrund stehen:

- Die Sicherung der Wettbewerbsfähigkeit, gemessen am Aufbau von zwei neuen Kooperationspartnern (Firmen, Ärzte, etc.) innerhalb der ersten zwei Geschäfts-jahre.
- Die Sicherung der Kundenzufriedenheit, gemessen an halbjährlichen internen Kundenzufriedenheitsumfragen.

- Die Sicherung der Mitarbeiterzufriedenheit, gemessen an der Reduzierung der Fluktuationsrate und regelmäßigen Personalgesprächen zwischen Führungsebene und Studiomitarbeitern.
- Die Qualität des Angebots, gemessen an Überprüfungen der Zielerreichung der einzelnen Kunden und der oben genannten Kundenzufriedenheitsumfragen.

2.3 Branchenvergleich

Um sich in Rostock als angesehenes Premium-Fitnessstudio zu etablieren, erfordert es einen Branchenvergleich. Das heißt, die eigene Produkt- und Dienstleistungspoltik mit ihren Visionen und Werten werden mit denen gleiche Unternehmenstypen verglichen. Dies geschieht sowohl regional, um die Markteintrittsbarriere möglichst gering zu halten. Als auch überregional, um eine gewisse Leitlinie dieser Unternehmensform herauszu kristallisieren. In der folgenden Tabelle werden zwei überregionale Premium-Fitnessstudios anhand ihrer Vision, Mission und Grundwerte gegenübergestellt und mit den eigenen Werten verglichen.

	Studio 1: Curati Premium Club in Köln	Studio 2: Prime Time Fitness Maintower in Frankfurt
Vision	„Fitness & Gesundheit – mehr als nur ein Fitnessstudio".	„Egal ob es um Gesundheit, Optik oder Leistung geht, schon zahlreiche Mitglieder begleiten wir seit Jahren auf ihrem Weg zum Erfolg".
Mission	Umfangreiche und individuelle Kundenziele hinsichtlich ihrer körperlichen und psychischen Gesundheit erreichen.	Umfangreiche und individuelle Kundenziele hinsichtlich ihrer körperlichen und psychischen Gesundheit erreichen.
Grundwerte	-Gesundheit höchstes Gut. -es arbeiten ausschließlich „Gesundheitsexperten" vor Ort. -Unterstützung bieten/ Dienstleistungsspektrum breit gestaltet. -Messbarkeit Zielerreichung.	-Personaltraining (hohes Maß an Betreuung) -Kooperationspartner(Firmenkooperationen). -mehrere Studios, dadurch sehr großes Angebotsfeld. -Online-Präsenz sehr groß, sehr aktuell (Coronalage und „Lösungsvorschlag Online-Kurse) direkt ersichtlich → Problemlösende Zielführung.

Tab.2: Gegenüberstellung überregionaler Premium-Fitnessstudios (eigene Darstellung)

Bei der Gegenüberstellung dieser beiden Premium-Fitnessstudios fällt direkt auf, dass ihre grundlegenden Visionen, Missionen und Grundwerte nahezu identisch sind. Verglichen mit dem eigenen Konzeptplan entsteht der gleiche Eindruck. Alle drei Premium-

Studios legen den größten Wert auf die Gesundheit des Menschen, dies sowohl bei körperlichen als auch bei psychischen Zielen. Durch das Wellnessangebot ist der Entspannungsfaktor und das verbundene angenehme Ambiente gegeben. Die Webseiten der Studios bestätigen dies zudem visuell durch ihren Onlineauftritt. Das Angebot ist sehr breitgefächert, sodass nahezu keine Wünsche und Bedürfnisse offen bleiben (können). Die Ziele werden dokumentiert, kontrolliert und bewertet. Die Betreuung ist zudem ein großes Thema. Das Fachpersonal wird als erfahrenes „Expertenteam" vorgestellt, welches die zielorientierte und professionelle Arbeitsweise widerspiegelt.

Der einzige erkannbare Unterschied liegt darin, dass das PrimeTime-Studio zu einer größeren Unternehmenskette gehört. Somit haben diese mehr Kooperationspartner, mehr Studios in der Umgebung und können somit ein etwas größeres Leistungsangebot bieten. In Tabelle 3 werden zwei regionale Premiumstudios gegenübergestellt und anschließend hinsichtlich ihrer Gemeinsamkeiten und Unterschiede erläutert.

	Studio 1: Fitness First, Kröpeliner Tor Center Rostock (ca. 3km Entfernung)	Studio 2: MedX, Grubenstraße 24 (ca. 3km Entfernung)
Vision	„Wir unterstützen dich darin, deine persönlichen Fitnessziele optimal und nachhaltig zu erreichen".	„Ein gesundheitsorientiertes Fitnesstraining mit höchster Effizienz".
Mission	Umfangreiche und individuelle Kundenziele hinsichtlich ihrer körperlichen und psychischen Gesundheit erreichen.	Umfangreiche und individuelle Kundenziele hinsichtlich ihrer körperlichen Gesundheit erreichen.
Grundwerte	-Mensch als Individuum. -Messbarkeit der Ziele. -Wohlfühlfaktor durch angenehmes Ambiente und Wellnessbereich. -gute Onlinepräsenz/ Coronalage/ Problemlösungsvorschlag Online-Kurse.	-Mensch als Individuum. -Messbarkeit der Ziele. -Hauptaugenmerk auf körperliche Leistung ohne Wellness (sehr medizinisch gehalten). -gute Onlinepräsenz/ Coronalage/ Problemlösungsvorschlag Online-Kurse. -umfangreiche Bewegungskonzepte.

Tab.3: Gegegenüberstellung regionaler Premium-Fitnessstudios (eigene Darstellung)

Die Premiumstudios aus Tabelle 3 unterscheiden sich in ihrem grundsätzlichen Aufbau kaum. Das Studio 1 hat im Gegensatz zu Studio 2 einen Wellnessbereich und legt augenscheinlich viel Wert auf ein modernes Ambiente. Studio 2 wirkt sehr steril. Durch den fehlenden Wellnessbereich liegt hier das Augenmerk ausschließlich auf körperlichem Training. Preislich unterscheiden sie sich je nach Laufzeitauswahl kaum und halten sich auch hier in dem eigenen Konzeptrahmen. Daraus lässt sich ableiten, dass „Premium-Studios" die Gesundheit des Menschen als oberstes Gut ansehen und dies auch nach außen präsentieren. Die Markteintrittsbarriere gestaltet sich nicht zu hoch, allerdings auch nicht zu gering. Fitness First hat ein gut aufgestelltes breites und sehr ähnliches Angebotsfeld. Hier gilt es, schon im Vorfeld größer und besser zu planen. Im eigenen Konzeptplan sind sicherlich alle Leistungsfelder abgedeckt, die auch die umliegenden Studios anbieten. Zusätzlich gibt es im eigenen Studio dennoch diverse zusätzliche Angebote im Wellnessbereich und eine höhere Ausstattung der Geräte.

3 TEILAUFGABE 3 – Phase der strategischen Analyse und Prognose

Das dritte Kapitel beschäftigt sich mit der strategischen Analyse und Prognose. Es werden Chancen und Risiken aus der Unternehmensumwelt identifiziert, um für eigene Stärken und Schwächen zu sensibilisieren.

3.1 Branchenstrukturanalyse

Um sich in einem Wettbewerb gut auf dem Markt zu präsentieren, ist es sinnvoll, sich bei der Analyse auf alle Wettbewerber zu konzentrieren. Das Five-Forces-Modell von Michael E. Porter bietet eine gute Möglichkeit, Branchen zu analysieren.

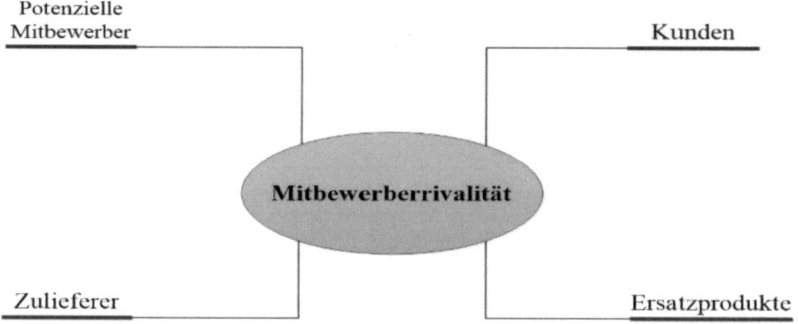

Abb.2: Five-Forces-Modell (eigene Darstellung, nach Porter)

Die Markteintrittsbarriere für dieses Premium-Fitnessstudio ist auf jeden Fall vorhanden. Es befinden sich einige Premiumanbieter und Fitness- und Gesundheitsstudios im Raum Rostock. Zudem sollte man Praxen für Physiotherapie und Rehaeinrichtungen mit in die Konkurrenzanalyse miteinbeziehen. Nach Zeppenfeld (2020, statista.de) wächst die Fitness- und Gesundheitsbranche stetig weiter. Dies zeigt, dass auf dem Markt durchaus neue Mitbewerber entstehen und sich etablieren können. Es müssen Lieferanten gefunden werden, sie repräsentieren eine hohe Verhandlungsstärke. Kunden lassen sich durch aktive Werbemittel wie Plakat- und Flyerverteilung und einem Aufbau der Internetpräsenz erreichen. Zudem ist es wichtig, Kooperationspartner zu gewinnen, beispielsweise Firmenfitness den Unternehmen in der Umgebung anzubieten. Ebenso können Physiotherapie-Praxen, Ärzte, Orthopäden, Krankenkassen etc. durch Empfehlung als weitere Lieferanten dienen. Ersatzprodukte bilden die Gefahr, das Dienstleistungsangebot zu ersetzen. Es gibt zahlreiche Onlinekurse und Fitness-Apps auf dem Markt. Hier ist allerdings zu erwähnen, dass dies alles ohne vollständige Ausnutzung des Angebots und wirkliche Betreuung abläuft und viele Kunden doch den persönlichen Kontakt benötigen und bevorzugen.

3.2 SWOT-Analyse

Stärken (Unternehmensanalyse)	Schwächen (Unternehmensanalyse)	Chancen (Umweltanalyse)	Risiken (Umweltanalyse)
Ausschließlich ausgebildetes Fachpersonal für optimales Personaltraining und die beste Betreuung.	Sehr hohe Lohnkosten für gut ausgebildetes Fachpersonal, welches anfänglich liquide Mittel erfordert (finanzchef24.de)	Breitgefächertes Angebot sorgt für umfangreiche Bedarfsdeckung (disq.de).	Niedriger Bekanntheitsgrad, da neues Unternehmen in ein bestehenden Markt vordringt.
Neben optimal biomechanischer Geräteausstattung auch Zusatzoption für Kunden anteilige Leistungen gefördert zu bekommen (z.B. Rehasport durch Krankenkassen).	Dienstleistungsangebote decken sich größtteils mit dem der Konkurrenz (siehe Tab.3, Studio 1).	Immer mehr Menschen leider unter Rücken- und Gelenkschmerzen (aerzteblatt.de), das große Trainings- und Bewegungsangebot + Massage + Wellnes bietet optimale Linderungschancen.	Das Training kann (teilweise) ersetzt werden durch bestehende Fitness-Apps oder Onlinekurse (fitforfun.de)

Tab.4: SWOT-Analyse (eigene Darstellung)

Es folgt eine SWOT-Matrix, die die Erkenntnisse der SWOT-Analyse berücksichtigt und verschiedene plausible Strategien für das Premium-Studio übersichtlich darstellt.

		Externe Analyse	
		Chancen (Opportunities)	**Risiken (Threats)**
Interne Analyse	**Stärken (Strenght)**	S-O-Strategien: -individuelles Training auf Bedürfnisse abgestimmt professionell bewerben (z.B. Rückenleiden durch Triggerzonenmassage vom Physiotherapeuten behandeln). -das Unternehmen als Leistungsträger bei den Krankenkassen eintragen lassen.	S-T-Strategien: -Alleinstellungsmerkmale nutzen um den Bekanntheitsgrad zu erhöhen (z.B. Saunalandschaft/ NOHrD-Geräte) -das Etablieren als neues Premiumstudio nicht als Nachteil, sondern als Vorteil nutzen, da es noch keine negativen Erfahrungswerte von Kunden geben kann. Durch freundliches und kompetentes Fachpersonal ein positives Onlinebewertungssystem (Rezensionen)aufbauen.
	Schwächen (Weaknesses)	W-O-Strategien: -Personal einstellen die bereits abgeschlossene Ausbildungen und Erfahrungen im Bereich Fitness und Gesundheit haben, um Kosten für Grundausbildung zu sparen. -das Unternehmen mit seinen Vorzügen der Konkurrenz gegenüber bewerben (großer Wellnessbereich, großes Kursprogramm, biomechanische Ausdauergeräte/natürlicher Bewegungsfluss).	W-T-Strategien: - das Unternehmen etabliert eine eigene interne Fitness-App mit Zugang zu Online-Kursen und Übungskatalogen. -Bekanntheitsgrad erhöhen über soziale Netzwerke/ Vetrauen schaffen durch Vorstellung und Erfahrungswerte des Fachpersonals.

Tab. 5: SWOT-Matrix (eigene Darstellung)

3.3 Zielplanung

Auch nach dieser Analyse lässt sich sagen, dass es realistisch ist, in Rostock und Umgebung als führender Premiumfitness-Anbieter zu agieren. Zu Anfang ist es wichtig, dass das Unternehmen die finanziellen Mittel hat, die Anschaffungskosten, die Marketingkosten und die Personalkosten auch tragen kann, ohne dass Einnahmen vorhanden sind. Die Bekanntmachung und das vorhandene Fachpersonal sind hier der entscheidende Faktor, um den Bekanntheitsgrad zu vergrößern und diesen natürlich positiv zu halten. Es müssen Kooperationspartner gefunden werden, die neue Kunden bringen, die das Unternehmen überzeugt, damit diese wiederum neue Kunden werben. Das Studio hat mit einigen Alleinstellungsmerkmalen in Kombination mit einem festen Personalteam und Kooperationspartner eine gute Chance, sein Image auf dem Markt aufzubauen und wachsen zu lassen.

4 TEILAUFGABE 4 – Phase der Strategieformulierung

Folgend werden die bisherigen Informationen und Erkenntnisse der Strategieanalyse auf verschiedenen Ebenen zu Strategieformulierungen zusammengeführt.

4.1 Strategieformulierung

Auf der Unternehmensebene plant das Unternehmen zunächst eine Wachstumsstrategie. Dies bedeutet nicht, dass das Unternehmen keine relevanten Ziele innerhalb der Stabilisierungs- oder Desinvestitionsstragie hat. Nach Bamberger und Wrona (2012, S.106) müssen die Ebenen der Strategieplanung auch nicht zwangsläufig nach der Planungshierarchie ablaufen. Zu Beginn ist es unabdingbar, sich auf dem Markt zu positionieren und Marktanteile zu gewinnen. Dies geschieht über den Grad der Eigenständigkeit. Diese wird durch Kooperationen und Akquisition erreicht. Das Unternehmen tritt in einen bereits bestehenden Markt mit neuen bzw. umfangreicheren Konzepten ein. Primär wird die Marktdurchdringung angestrebt. Auf der Geschäftsbereichsebene geht das Unternehmen mit einer Wettbewerbsstrategie vor. Das heißt, dass das Unternehmen sich mit seinen Alleinstellungsmerkmalen in den Vordergrund stellt. Mit diesen Stärken wird sich das Unternehmen zu einem Premium-Fitnessstudio entwickeln, das einzig und allein für jeden Menschen die Problemlösung darstellt und Bedürfnisse ganzheitlich abdeckt.

4.2 Blue Ocean-Strategie

Die Blue-Ocean-Strategie beschreibt eine Methode zur Entwicklung dauerhafter profitabler Geschäftsmodelle durch Differenzierung von bereits vorhandenen Modellen. Die vorhandenen Geschäftsmodelle werden auch "Red-Oceans" genannt. Nach Mauborgne & Kim (2015, S.82-833) heißt es, dass das Erschaffen blauer Ozeane mit anderen Worten das Ergebnis einer Strategie und als solches in hohem Maß ein Produkt des Mangementhandelns ist.

Für das geplante Premiumstudio geht die Strategie weiter als das, was der vorhandene Markt bereits (an)bietet. Um jetzt also den größten Marktanteil zwischen allen Mitstreitern auf dem Markt für sich zu gewinnen, ist es wichtig, sich von anderen abzugrenzen.

Ganz klar bildet hier das umfangreiche Angebotsspektrum, welches keine Wünsche und Bedürfnisse offen lässt, ein wichtiges Merkmal. Das Produkt- und Dienstleistungsangebot ist so allumfassend, dass Kunden nur dieses Premiumstudio aufsuchen müssen, um ihre Bedürfnisse zu befriedigen. Diese Bedürfnisse umfassen sowohl die körperlichen als auch die seelischen. Passend zu den steigenden Krankheitsfällen im Bereich psychische Überbelastung und Depressionen bietet das Unternehmen vielfältige Stressbewältigungskonzepte an. Gepaart mit innovativen biomechanischen Geräten, individuellen Trainingskonzepten und Kursen von A bis Z, lassen sich Gesundheit und Körperwohlgefühl mit Hilfe des Fachpersonals dauerhaft erreichen. Durch Firmenkooperationen ist das Unternehmen zudem auch Ansprechpartner für andere Unternehmen bezüglich einer Beratung zum Thema BGM (Betriebliches Gesundheitsmanagement). Durch regelmäßige Seminare, die von den Krankenkassen gefördert werden, können sich umliegende Firmen informieren lassen und hätten mit diesem Premium-Fitnessstudio direkt eine Problemlösung und verschiedene Optionen an der Hand.

5 TEILAUFGABE 5 – Personalmanagement

Das letzte Kapitel beschäftigt sich mit den Erwartungen an das Personal und beschreibt die erforderlichen Persönlichkeitsmerkmale.

5.1 Führungsverhalten

Um das Unternehmen auf dem Markt an die Spitze der Fitness-Premiumanbieter in Rostock zu befördern, benötigt es geeignete Führungskräfte. Grundlegend ist der passende Führungsstil situationsabhängig. Die Ausführung eines partizipativen Stils ist schlichtweg eine grundlegende Erwartung an die zu besetzende Leitungsposition. Sie setzt im Kern auf die Beteiligung aller Mitarbeiter und bezieht sie in Entscheidungsvorgängen mit ein. Gerade bei kompetenten und erfahrenen Fachpersonal ist es bei komplexen Aufgabenstellungen, die Koordination erfordern, ein geeigneter Führungsstil mit hoher Wirkungskraft (nach Goleman, 2000, 78ff.). Zudem entsteht durch die Miteinbeziehung des Personalteams eine Wertschätzung und ein Zugehörigkeitsgefühl jedes einzelnen Mitarbeiters. Das führt zu einer gewissen Übergabe an Verantwortung, dieses wiederum zu einer positiven Arbeitsmotivation.

In gewissen Unternehmensaufgaben sollte die Führungskraft aber auch Eigenschaften aus dem visionären und coachenden Führungsstils mitbringen. Eine gewisse Blickweite hinsichtlich der Unternehmensziele muss vorhanden sein und von der Leitungsposition an die Mitarbeiter vermittelt und gelebt werden. Diesbezüglich sollte auch eine empathische und überzeugende Ader des Menschen vorhanden sein. Die Führungskraft sollte außerdem Interesse an der beruflichen und persönlichen Entwicklung seiner Mitarbeiter haben und das in seinem Ermessen Mögliche dazu beitragen. Kurzgefasst beschreiben es passend Kouzes & Pousner, dass erfolgreiches Führen folgende fünf Merkmale besitzen muss: Seien Sie Modell für den Weg, inspirieren Sie eine gemeinsame Vision, hinterfragen Sie den Prozess, versetzen Sie andere in die Lage zu handeln und ermuntern Sie die Herzen (2009, 1ff.). Letztlich ist es ein gemeinsames Unternehmensziel, sich als führender Premiumanbieter in Rostock zu entwickeln.

5.2 Recruiting

Um geeignetes Personal zu beschaffen, ist es wichtig, eine detaillierte Stellenbeschreibung zu erstellen. In dieser sollte schon zu Beginn selektiert werden können, ob die Bewerber die grundsätzlichen Qualifikationen mitbringen. Die geeignete Führungskraft sollte zunächst einen gewissen Rahmen an Führungserfahrungen im Fitness- und Gesundheitsbereich vorweisen können. Hinzu kommt die Erstellung eines Anforderungsprofils, das bei Sichtung der Bewerbungsunterlagen genau analysiert wird. Entsprechen die Eigenschaften und Fähigkeiten des Bewerbers die der Anforderungen, folgt ein persönliches Gespräch. In diesem wird das Verhalten genau beobachtet. Es empfiehlt sich außerdem, dem Bewerber ein Fallbeispiel einer Arbeitssituation zu schildern, welche durch seine Erfahrungswerte gelöst werden muss. Dieses Verfahren gibt Aufschluss über wichtige Persönlichkeitsmerkmale und den Charakter des Bewerbers. Hier kann man gezielt vorgehen und sich vergewissern, ob die potenzielle Führungskraft mit Problematiken umgehen kann und für diese Position die geeignete Wahl ist.

6 Literaturverzeichnis

Bamberger, I. & Wrona, T. (2012). *Strategische Unternehmensführung. Strategien, Systeme, Methoden, Prozesse* (Vahlens Handbücher der Wirtschafts- und Sozialwissenschaften, 2.). München: Vahlen.

Bea, F.X. & Haas, J. (2013). *Strategisches Management* (Grundwissen der Ökonomik: Betriebswirtschaftslehre, 6., vollständig überarbeitete Aufl.). Stuttgart: Lucius & Lucius.

Goleman, D. (2000). Leadership that gets results. *Harvard Business Review*, (März-April), 78-90.

Kouzes, J.M. & Posner, B.Z. (2009). *Leadership challenge* (Dt.-sprachige Ausg., 1. Aufl.). Weinheim: Wiley-VCH.

Mauborgne, R. & Kim, C. (2015). Die Ozean-Strategie. *Harvard Business Manager*, (1), 76-86.

Müller-Stewens, G. & Lechner, C. (2011). Strategisches Management. *Wie strategische Initiativen zum Wandel führen: der St. Galler General Management Navigator* (4., aktualisierte Aufl.). Stuttgart: Schäffer-Poerschel.

Internetquellen:

https://www.jobs-rostock.org/10-groesste-arbeitgeber-rostock-umgebung

https://rathaus.rostock.de/de/kaufkraft_und_einzelhandelskaufkraft/254109

https://de.wikipedia.org/wiki/Demografie_Rostocks

https://www.curati.club/

https://www.primetime-fitness.de/

https://de.statista.com/statistik/daten/studie/6231/umfrage/anzahl-der-anlagen-in-der-fit-ness-branche/

https://www.finanzchef24.de/wissen/gruender/fitnessstudio-eroeffnen

https://disq.de/2020/20200129-Fitness-Studios.html
https://www.aerzteblatt.de/archiv/61058/Rueckenschmerzen-Der-groesste-Teil-ist-my-ofaszial-bedingt

https://www.fitforfun.de/shopping/kaufberatung/02112020-krafttraining-zu-hause-diese-effektiven-tools-ersetzen-dein-fitnessstudio-416299.html

7 Abbildungs- und Tabellenverzeichnis

7.1 Abbildungsverzeichnis

7.2 Tabellenverzeichnis